TIK TOK MARKETING

Sommario

CAPITOLO 1

Un po' di storia

Dobbiamo far risalire la scoperta di questa applicazione a due soci cinesi, Alex Zhu e Luyu Yang.
I due ebbero questa brillante idea da un proprio
viaggio fatto in treno. Durante questo viaggio Zhu
notò un gruppo di giovani adolescenti che ascol-
tavano la musica e, nello stesso tempo, facevano
dei video selfie con il proprio telefono, condivi-
dendoli successivamente con il gruppo.

Fu proprio in questo preciso momento, ed in tal
contesto, che Zhu si rese conto che poteva com-
binare tra di loro video e musica, creando quindi
un social network finalizzato al target giovanile.

In un solo mese questa idea trovò la sua realiz-
zazione, e nell'agosto 2014 l'applicazione venne
pubblicata a tutti gli effetti.

I dati, ovviamente, cominciarono a parlare da soli
sin dall'inizio, anche se la crescita risultava anco-

ra troppo lenta.

Venne, quindi, apportata subito qualche modifica tra cui quella di includere il logo nei video che venivano condivisi dagli utenti.

Questo perché ci si rese conto che i video venivano condivisi su altri social senza che il logo fosse visibile. Con tale modifica, in pochissimo tempo, l'applicazione raggiunse i primi posti di tutte le classifiche.

Nel 2017 arrivò, però, la svolta per i due soci, ovvero un'offerta di acquisizione della società per una cifra che si aggirava intorno al miliardo di dollari. Venne, quindi, ceduta al gruppo Bytedance, accedendo in tal modo ai grandi mercati asiatici.

Nel 2018 Bytedance decise di unire la piattaforma mantenendo un unico nome, appunto quello di Tiktok.

Con questa fusione Tiktok divenne la piattaforma

numero uno di video sharing di formato corto e breve in tutto il mondo.

Oggi si può definire questa applicazione la più scaricata al mondo dopo WhatsApp e Messenger.

Una crescita che pian piano inizia a coinvolgere anche il mercato Italiano.

Attualmente la società ha sede a Los Angeles, con uffici globali a Londra, Tokyo, Seul, Shangai, Pechino, Singapore, Giacarta, Mumbai e Mosca.

Il signor Zhu è diventato vicepresidente onorario.

Si tratta, quindi, di un'applicazione che ha superato alla grande le aspettative iniziali, e che a differenza della sua simile YouTube, dove gli utenti si possono dedicare prevalentemente a vedere video, qui, invece, gli utenti caricano i propri video.

Tiktok è un fenomeno in costante crescita che si basa sul semplice concetto di riprendersi con la videocamera del proprio smartphone per entrare a far parte di una grande community.

Sembra stia rivoluzionando il modo di interagire tra gli utenti, presentando un mondo molto lontano dai canoni di bellezza perfetti di instagram, condividendo sempre di più quei concetti e quei modi di vivere tipici della cultura asiatica.

CAPITOLO 2

Che cos'è Tiktok

Tiktok è una piattaforma social che si basa principalmente su due fattori: la musica e i social.

Utenti da ogni parte del mondo possono commentare, mettere like e condividere video di chiunque: quindi un social dove poter essere se stessi, dove i giovani possono dare spazio alla propria creatività e al proprio divertimento.

L'unico vero social godibile al mondo, il più amato dai teenager, il più scaricato dal pianeta.

Infatti, si tratta di un'applicazione che permette di registrare, editare, condividere video brevi in formato verticale, da quindici a sessanta secondi, permettendo poi all'utente di aggiungere sottofondi musicali, dialoghi, effetti visivi.

Si può definire un po' come un mix di diversi social network: un po' di YouTube basandosi esclusivamente su contenuti video, un po' facebook perché prevede i tasti like, commento e condivisione, un po' instagram con i tasti scopri, segui e i vari filtri, un po' twitter per i vari hashtag, un po' snapchat perché ha un meccanismo di pubblicazione e visualizzazione molto simile alle stories.

Ovviamente ha anche delle caratteristiche, proprio come:

- elaborazione dei contenuti, che non si sono mai visti prima;

- facilità d'uso e comprensione istantanea della piattaforma;

- la musica.

Uno dei vantaggi di questa applicazione è quello che permette alle grandi aziende di fare marketing attraverso la condivisione di prodotti degli influencer, i cosiddetti muser di Tiktok.

Infatti, oggi, i video non sono più solo musicali,

ma vengono mostrate le proprie abilità, qualità, passioni, il proprio talento.

L'applicazione, inoltre, permette agli utenti di accelerare, rallentare o modificare con un filtro il suono o la musica di sottofondo, che può essere selezionata da diversi e numerosissimi generi musicali, ed il sistema di montaggio risulta essere, oltre che creativo, anche molto intuitivo e veloce.

Per comprendere meglio il concetto base di Tiktok, si potrebbe definire come una sorta di karaoke visivo dove i montaggi sono alla portata di tutti, realizzabili direttamente con il proprio telefono.

Lo slogan è proprio quello di dare importanza ad ogni secondo, perché in soli e massimo sessanta secondi si deve concentrare il tutto.

Sicuramente può essere considerata come l'applicazione del futuro, visto il suo uso tra i più giovani. L'età minima per iscriversi è tredici anni, ma come per la maggior parte dei social, ogni giorno troviamo modi creativi per barare sull'età. Il nostro consiglio, quindi, è sempre quello di prestare attenzione alla conoscenza di questa piattaforma per poter meglio seguire e guidare i nostri figli.

Inoltre, anche se non apparteniamo a tale generazione e anche non in qualità di genitori o esempi di riferimento, sarebbe ugualmente interessante esplorare il mondo di Tiktok per capire le origini di molte mode della rete di oggi, il linguaggio, ed i vari trend che ci sono tra i più giovani.

Seppur possa sembrare tutto molto spiazzante, possiamo consultare i contenuti della piattaforma anche solo come semplici osservatori, senza l'obbligo di iscrizione.

Oggi, assistiamo a tantissimi video su questo social di mamme da sole o in compagnia dei propri figli, e che pubblicano video principalmente per cercare di usare lo stesso linguaggio dei propri figli o per adottare lo stesso modo di comunicare.

Con Tiktok entriamo in una nuova era della co-municazione, dove la creazione del messaggio e la sua fruizione scorrono in modo fluido e veloce senza essere soggetti al tempo, senza barriere linguistiche, e senza interruzioni esterne.

Il nostro consiglio è quello di iscriversi su questo social network, prima di tutto perché stimola il ta-lento e la creatività, ed è un valido sostituto per chi è stufo dei soliti social ed è alla ricerca di un puro intrattenimento diverso nel suo genere.

Il fatto che Tiktok conti già milioni di iscritti offre la possibilità di diventare molto popolari, di co-struirsi una rete notevole di follone, e di iniziare a monetizzare grazie alla propria creatività.

CAPITOLO 3

Come funziona Tiktok

La prima cosa da fare è scaricare l'applicazione dai rispettivi store di appartenenza, dopo di che creare un profilo personale.

Inserire, quindi, i propri dati, il codice a quattro cifre ricevuto sul proprio telefono per l'autenticazione, impostare una password, selezionare la casella non sono un robot, ed eccoci pronti per iniziare ad usare tale applicazione.

Una volta entrati, ci troveremo davanti al nostro profilo personale, ovviamente senza foto e senza contenuti.

Quindi, potremo navigare per scoprire tutte le varie sezioni e capirne il funzionamento corretto, oppure prima completare tutti i vari campi relativi al nostro profilo. Le principali funzioni dell'applicazione sono:

- video che possono essere caricati o creati direttamente nell'applicazione, aggiungendo timer e altri effetti;

- musica, che è la chiave di successo dell' applicazione. Infatti, si può aggiungere la musica e mixarla, ed il tutto tramite playlist inserite nella piattaforma;

- montaggio video, ovvero, durante la creazione del video, si potranno aggiungere particolari filtri, effetti, transizioni, adesivi, gif, emoji;

- interazione, cioè potremo seguire gli account che vogliamo e dare un sostegno con i like e i commenti, oppure potremo condividere i contenuti che più ci piacciono.

Nell'applicazione troveremo una pagina principale dove poter visualizzare tutti i video più alla moda che si alterneranno a rotazione.

Scorrendo alla destra andremo nella sezione del profilo personale. Vicino alla pagina principale troviamo anche la sezione "scopri" dove si potranno fare delle ricerche per hashtag, oppure ricerche in base alle tendenze o alle challenge del momento.

Nella sezione in arrivo, invece, troveremo tutte le notifiche che riguardano il nostro profilo, e tramite questa sezione potremo anche inviare messaggi diretti.

Un punto molto importante è il botton poiché questo ci permette di accedere alla fotocamera del nostro telefono, ed inoltre qui troveremo diverse funzioni come la registrazione, la velocità, i preset, i filtri, effetti divisi per categorie.

Tutte queste opzioni si possono usare sia in diretta che in qualsiasi altro momento.

Ancora, troveremo la funzione MV che ci permette di realizzare delle slide show usando le immagini che abbiamo salvato nel nostro telefono. Per quanto riguarda le slide show, esistono tre opzioni: visual, transition, split. Il nostro consiglio è quello di provare sempre prima ogni singolo effetto, e cercare di comprendere quale sia quello più adatto alle nostre realizzazioni.

Infine, importante è l'opzione che ci permette di scegliere la musica da inserire nei nostri video.

La fotocamera di Tiktok ci permette di essere molto creativi perché il video finale può essere diviso in più clic, ed ognuno di questi potrà avere tutte le opzioni che abbiamo elencato finora, e non necessariamente dovranno essere tutti uguali tra di loro.

Una funzione in questo senso che potremo usare è il timer, che permette di regolare l'autoscatto per iniziare il video. Qualora una clip non ci dovesse piacere potremo eliminarla oppure modificarla.

Una funzione carina è quella vocale, che può trasformare la nostra voce nel video musicale, usando dei toni simpatici e scherzosi.

Imparate tutte queste funzioni, saremo pronti per pubblicare il nostro video. In un secondo momento potremo decidere se aggiungere una descrizione al video che potrà anche essere seguita da hashtag di riferimento, in modo tale da poter essere ricercato e diventare virale.

È possibile salvare il video sul dispositivo per mettere i commenti, renderlo pubblico, renderlo visibile solo agli amici, oppure mantenerlo privato. Per impostazione predefinita tutti gli account sono pubblici, quindi, tutti, anche coloro che non sono iscritti, potranno vedere ciò che condividono gli utenti, ma solamente i follower approvati potranno inviare dei messaggi in forma privata.

Gli utenti possono apprezzare o reagire ad un video,seguire un account o inviarsi dei messaggi privati.

Un discorso a parte occorre farlo per le imposta-zioni della privacy. Infatti, c'è il rischio che dei perfetti estranei possano contattare i ragazzini sull'applicazione, i quali a loro volta potranno es-sere tentati di accettare semplicemente per rice-vere dei like in più.

Tra le impostazioni dedicate alla privacy esiste la possibilità di attivare la modalità per filtrare tutti quei contenuti che riteniamo inopportuni; la mo-dalità off/amici per inviare dei messaggi solo ed esclusivamente se ci si segue reciprocamente; impostazione di un account privato, cosicché tutti i video possano essere visualizzati solo dai pro-pri amici.

Con un account privato sarà possibile approvare o rifiutare le richieste degli utenti e limitare i mes-saggi in arrivo. Nonostante, però, il nostro sia un account privato, comunque la nostra immagine di profilo, il nome utente e la biografia saranno visi-bili a tutti.

Per motivi di sicurezza su Tiktok non è possibile inviare fotografie e video tramite la funzione dei messaggi privati.

Una delle paure più grandi per tutti quelli che usano i social, e quindi anche per gli utenti di Tiktok, è la penalizzazione e il ban.

La penalizzazione è un blocco temporaneo che porta un calo della visibilità del nostro profilo e quindi anche di tutti i video caricati. Nonostante ciò, non saranno limitate le possibilità di continuare a pubblicare.

Il ban, invece, si comporta in modo molto più rigido, e a volte non permette nemmeno di tornare all'interno dell'applicazione.

La piattaforma potrebbe bannarci per svariati motivi come ad esempio:

- perdita dell'accesso al nostro account per un tempo breve o indefinito;

- divieto di creare altri account dal nostro indirizzo IP.

Tiktok non ci avvisa né della penalizzazione né del ban. Il solo modo che abbiamo per capirlo è quello di guardare le statistiche dei nostri video e fare un confronto tra le vecchie statistiche e le nuove, e, quindi, tirare le somme.

Infatti, noteremo che se all'improvviso i video, che in precedenza avevano avuto un buon numero di visualizzazioni, hanno ridotto notevolmente le visualizzazioni, probabilmente l' applicazione ha penalizzato qualcosa per svariati motivi.

CAPITOLO 4

Tiktok ADS

Quando si usa la piattaforma ADS si ha l'accesso a tutta una serie di funzioni, quali l'intrattenimento, le notizie, e le applicazioni per la scoperta di contenuti.

La piattaforma di Tiktok ADS è particolarmente esclusiva poiché dà l'opportunità di scegliere il formato creativo che meglio si adatta alle nostre esigenze, e quindi agli obiettivi della campagna.

Per aiutare gli utenti a creare degli annunci video, Tiktok mette a disposizione un kit che ci permette di creare video usando immagini e clip esistenti, senza dover ricorrere a editor professionali. È uno strumento di notevole utilità perché fornisce tantissimi modelli di immagini e video per personalizzare l'annuncio, ed inoltre possiede più di trecento modelli di musica di sottofondo gratuiti da poter applicare al nostro annuncio per renderlo piacevole. La creazione degli annunci pubblicitari può richiedere molto tempo, e per questo motivo possiamo usare uno strumento di distribuzione degli annunci chiamato Dynamic Creative, che crea, distribuisce e ottimizza i nostri annunci in modo del tutto automatico.

Tiktok si avvale del sistema di intelligenza artificiale, cioè analizzare il video e capire se riscuote successo tra gli utenti.

L'intelligenza artificiale propone dei video basandosi sugli interessi degli utenti oppure su altri fattori quali l'età, il genere, la localizzazione, il sistema operativo, la connessione, gli interessi, i comportamenti, i pixel.

Le campagne pubblicitarie su Tiktok possono dimostrarsi essere un ottimo canale per guadagnare poiché vengono proposte automaticamente. Infatti, esistono delle statistiche che hanno dimostrato quanto la pubblicità su Tiktok abbia cambiato l'atteggiamento degli utenti verso i marchi. Se dovessimo confrontare gli utenti di Tiktok con quelli di internet in generale, possiamo notare che i tiktoker hanno molte probabilità in più di acquistare quel determinato prodotto sponsorizzato rispetto agli altri utenti.

Le grandi aziende possono sfruttare questa piattaforma per arrivare in particolar modo ai giovani che seguono questa applicazione, e per contenuti che riguardano la danza, la moda, l'estetica e la musica.

Le campagne pubblicitarie su Tiktok possono essere personalizzate, ed in questo senso possiamo suddividerle in:

- campagne pubblicitarie a schermo intero con un'immagine fissa o animata, oppure un video in apertura dell'app;

- campagna feed con contenuti pubblicitari, che iniziano da soli quando l'utente scorre il proprio feed;

- hashtag challenge, quando si invitano gli utenti a condividere i propri contenuti attraverso gli hashtag.

Per quanto riguarda il budget è possibile impostare due tipi di limiti, giornaliero o illimitato. Il budget potrà essere modificato in qualsiasi momento e sarà possibile impostarlo a livello di campagna o di singoli annunci. Non esiste un minimo da spendere su Tiktok, anche se, ovviamente, si cerca di incoraggiare i marketer ad impegnarsi in un investimento proficuo.

Anche qui si dovrà selezionare un obiettivo tra:

- traffico;

- installazione app;

- conversione.

Il passo successivo è quello di scegliere un giusto posizionamento.

Attraverso la dashboard di Tiktok ADS, potremo

selezionare tutte le piattaforme sulle quali pubblicare i nostri annunci, ed inoltre, anche qui, potremo usare l'algoritmo che deciderà automaticamente il giusto posizionamento, ovvero quello che avrà il rendimento migliore.

Nella sezione targeting, invece, potremo capire il pubblico di destinazione per i nostri annunci; quindi impostiamo sempre i parametri in base alla posizione, all'età, sesso, lingua, interessi e dispositivo usato.

In tal modo avremo sempre il giusto pubblico di riferimento.

Se l'obiettivo della nostra campagna sarà quello di visitare una determinata pagina, e avremo bisogno di monitorare la conversione dei nostri annunci su Tiktok ADS, allora, dovremo inserire un Tiktok pixel. I pixel permettono di far visualizzare gli annunci solo agli utenti giusti e di ottimizzare le offerte in base agli obiettivi di conversione.

È molto importante capire come vengono strutturati gli annunci su Tiktok ADS. In particolar modo questi vengono organizzati su tre livelli:

- la campagna, cioè creare partendo dagli obiettivi e scegliere tra app download o landing page, basando il nostro obiettivo su questo. Il budget di campagna può essere impostato come giornaliero, permanente o senza limite;

- il gruppo di annunci, cioè definire dove e quando appariranno i nostri annunci. Possiamo impostarli su posizionamenti, segmenti di pubblico, destinatari, budget di campagna, pianificazione, obiettivi di ottimizzazione e offerte relative ad ogni gruppo di annunci. La classificazione di questi elementi ci permette di impostare il budget dei diversi gruppi e la valutazione del rendimento di ogni pubblico;

- l'annuncio, cioè il contenuto finale che verrà pubblicato e potrà essere sotto forma di immagini o video. Inoltre, gli annunci si trovano all'interno di un gruppo, per cui si potrà confrontare ed ottimizzare la consegna in base alle differenze creative e al target scelto.

Così come accade per il facebook business manager,anche qui, nella sezione dettagli dell'annuncio, sarà possibile compilare tutte le informazioni relative all'annuncio stesso, ovvero:

- link URL;

- App id;

- nome dell'applicazione;

- immagine di profilo;

- categoria;

- parole chiave;

- commenti degli utenti.

Le campagne pubblicitarie Tiktok possono essere targetizzate per parola chiave, quindi abbiamo la possibilità di selezionare parole specifiche oppure insiemi di parole ricercate online dagli utenti di Tiktok. Possono essere targetizzate per interessi dell'utente, quindi abbiamo la possibilità di selezionare specifiche categorie di interessi in base al target di riferimento della campagna.

È possibile, inoltre, suddividere le campagne in varie tipologie:

- campagne Tiktok ADS in feed, ovvero campagne pubblicitarie formate da annunci che vengono lanciati all'interno del feed di Tiktok e si dividono, a loro volta, in due tipi: campaign hearter, cioè una campagna basata principalmente sull'interazione con una landing page, e poi la fanbase booster, cioè una campagna che stimola le interazioni con il post e con il profilo. Entrambe le campagne hanno l'obiettivo di aumentare le interazioni con il profilo e con la fanbase;

- campagne Tiktok ADS splash Page, ovvero campagne composte da annunci pubblicitari, immagini o video da tre a sessanta secondi che al click portano l'utente
  verso una landing page esterna sul nostro
  sito web.

Scegliere Tiktok come piattaforma per le nostre
campagne pubblicitarie sicuramente risulta essere molto conveniente, essendo una piattaforma
in forte crescita. Di conseguenza, si potranno effettuare grandi campagne a costi molto contenuti, ed inoltre sarà possibile generare molte interazioni con le campagne a pagamento poiché gli
utenti interagiscono con i video nella piattaforma,
garantendo una vasta copertura.

Le possibilità che ci offre Tiktok per fare ADS sono tantissime, e il pubblico di riferimento può essere molto interessante per tante aziende di tutti i
tipi di settori e dimensioni.

Inoltre si tratta di un social network che ha un

bacino di utenti molto fluido e ,oggi, non si rivolge più solo ad un pubblico giovanile, ma l'età media inizia ad alzarsi, quindi sarà più facile per tutti creare ADS di successo su Tiktok.

Per ottenere più risultati, Tiktok ci offre anche la possibilità di impostare obiettivi di ottimizzazione per ogni nostra campagna pubblicitaria. In particolar modo si possono impostare tre tipi di obiettivi di ottimizzazione:

- impressioni, cioè verranno mostrati gli annunci alle persone giuste con lo scopo di ottenere il maggior numero possibile di impressioni, e ,quindi, il nostro annuncio verrà fatturato come costo per mille;

- clic, cioè cercare di ottenere il maggior numero possibile di clic sul nostro annuncio, e lo stesso verrà fatturato come costo per clic;

- conversioni, che si muovono nella stessa maniera del costo per clic.

Dopo aver spiegato come si crea e nasce un annuncio pubblicitario su Tiktok, è doveroso spendere alcune parole riguardo le strategie di marketing, ed ,in particolare, quelle più interessanti, convenienti e intelligenti per iniziare la nostra campagna.

Prima di tutto parliamo di operare attraverso il proprio canale, cosicché saremo gli unici responsabili della crescita della campagna stessa e dei follower su Tiktok. Saremo i soli a dover prenderci cura dei nostri contenuti, video o immagini, che ovviamente dovranno essere il più creativi possibili per attrarre il maggior numero di utenti. Non tutti i video verranno visualizzati nella pagina per te, ma sulla base degli hashtag usati, delle parole chiave, dei post che l'utente ha apprezzato o meno, verranno visualizzati i video corrispondenti. Se riuscissimo a creare video molto creativi e avremo un'ottima conoscenza del mondo di internet, allora, riusciremo a realizzare dei video che corrispondano a tutti questi requisiti e che potranno diventare virali.

Un'altra valida strategia è quella dell'influencer marketing, ovvero commercializzare il nostro prodotto o servizio sui social attraverso un influencer. Questi sono molto seguiti, quindi, potremmo pensare di iniziare una collaborazione con loro a pagamento. Ovviamente, prima, dovremmo accertarci che abbiano i giusti follower che stiamo cercando per sponsorizzare il nostro prodotto o servizio, e poi, per quanto riguarda la creazione dei contenuti, possiamo lasciar fare direttamente a loro oppure intervenire a riguardo. Il nostro compito principale sarà quello di mettere a proprio agio l'influencer scelto. Sicuramente risulta essere una strategia vincente soprattutto in un social come Tiktok dove il pubblico di riferimento è molto giovanile, e quindi troveremo sempre influencer della stessa portata che sappia parlare lo stesso linguaggio degli utenti di destinazione.

Infine un'altra strategia sono le sfide hashtag, che rimangono essere una delle attività più diver-

tenti su tale piattaforma, ma di queste ci adden-
treremo nello specifico nei capitoli più avanti.

Con tutte queste strategie di marketing su Tiktok
riusciremo a creare e diffondere il nostro prodotto
o servizio,ma non è detto che questo possa ba-
stare a generare entrate. Questo,infatti, dipende-
rà principalmente dal contenuto della campagna.

La chiave del successo rimane sempre quella di
coinvolgere la comunità e farla divertire.

Tiktok sta crescendo ed il suo pubblico inizierà a
diversificarsi poco alla volta, quindi sarebbe una
buona idea iniziare ad usarlo per aziende di diversi settori, adattando la migliore strategia di
marketing.

Cerchiamo anche di comprendere come monetizzare a partire da questo social. Abbiamo detto
che per il momento si tratta di un social dedicato
per lo più ai giovani, quindi il settore fashion e
moda sono quelli che riscontrano più successo.
E', pertanto, un ottimo trampolino di lancio per

iniziare le proprie collaborazioni. Per farlo, basterà far capire al brand che il nostro profilo è in linea con il suo prodotto. Intorno a questa piattaforma è nato un notevole interesse: non si tratta
più di una semplice piattaforma di video musicali.
Quindi, portare un brand su Tiktok ed avere successo sarà davvero possibile.

CAPITOLO 5

Linee guida sulla pubblicità

Le linee guida sulla pubblicità cercano di garantire il successo e il raggiungimento di tutti gli obiettivi prefissati.

Gli inserzionisti devono rispettare i termini di servizio e le norme della community di Tiktok.

Il team di revisione degli annunci usa questi parametri per valutare ogni campagna pubblicitaria, presentata alla revisione stessa.

Tiktok può anche rifiutare la pubblicazione o la rimozione di qualsiasi campagna pubblicitaria se questa viola i termini di servizio.

Inoltre la piattaforma può addirittura riservarsi il diritto di rimuovere l'account aziendale in caso di violazione.

Gli inserzionisti sono tenuti a garantire che le loro pubblicità siano conformi a tutte le leggi esistenti, che rispettino i requisiti richiesti, le norme e i regolamenti previsti.

Tutte le pubblicità dovranno avere un'informativa obbligatoria e dovranno essere divulgate in modo chiaro e visibile.

Le pubblicità senza informativa obbligatoria verranno sospese.

Eventuali promozioni, concorsi a premio, eventi eseguiti sulla piattaforma; dovranno rispettare tutti i requisiti di legge. Tutti gli elementi degli annunci dovranno essere di pertinenza dell'annuncio stesso o ,comunque, rispettare il prodotto o servizio che si offre.

Tiktok potrebbe fornirci un tariffario per informazioni più dettagliate sugli annunci, tipo limitazioni all'uso di collegamenti esterni, limitazioni all'uso del testo in determinati annunci, requisiti specifici per la divulgazione, limitazioni alla lunghezza del video.

Può essere rimosso o approvato qualsiasi annuncio per qualsiasi motivo, inclusi tutti quegli annunci che influenzano in modo negativo il rapporto con il nostro pubblico o che promuovano contenuti, attività o servizi.

Le linee guida possono comunque essere modificate in qualsiasi momento.

In particolare esistono alcuni aspetti che andrebbero evitati totalmente per un corretto annuncio e cioè:

- i contenuti proibiti, cioè tutti quei prodotti o servizi che non possono essere pubblicizzati per nessun motivo su Tiktok, come ad esempio le droghe, l'alcool, le sigarette, i contenuti a sfondo sessuale, gli annunci che raffigurano immagini di nudo, i prodotti o servizi illegali, i contenuti scioccanti, gli annunci che incoraggiano l'odio e la violenza, gli annunci discriminatori, gli annunci che riguardano le armi o articoli contraffatti, gli annunci politici, gli annunci di spyware o malware, gli annunci destinati a prodotti e servizi per bambini;

- i contenuti limitanti, ovvero quei contenuti che Tiktok può usare a propria discrezione, se ovviamente rispettano tutte le leggi e le norme previste. In particolar modo parliamo di annunci finanziari, annunci che riguardano alimenti e bevande, annunci che riguardano i prodotti farmaceutici, sanitari e medici, annunci che promuovono un servizio di incontri per adulti, annunci che promuovono intrattenimento.

Parliamo ora di tutte quelle pratiche che andrebbero vietate, ovvero gli annunci non dovrebbero promettere dei risultati che in realtà non possono essere provati e raggiunti, non devono contenere degli elementi che potrebbero portare l'utente a compiere degli errori, non devono includere l'uso della filigrana di Tiktok, ma devono contenere audio e contenuti di qualità perché altrimenti non

vengono approvati, devono spiegare corretta-
mente il prodotto o servizio che pubblicizzano.
Inoltre, se si ha la possibilità di raccogliere dei
dati sugli utenti, questi dovranno comparire solo
sui collegamenti che non rimandano direttamente
all'applicazione.

Se riusciamo a rispettare tutto ciò che abbiamo
appena detto, allora, la nostra sarà sicuramente
una campagna di successo che non cadrà in
nessuna violazione.

CAPITOLO 6

L'analitica di Tiktok

Per poter approfondire gli effetti che le nostre attività di marketing hanno su Tiktok, dobbiamo passare dall'account normale a quello professionale perché in questo modo potremo accedere alla dashboard di analisi di Tiktok, che ci fornisce informazioni e dettagli riguardo il nostro pubblico e sulle prestazioni dei contenuti pubblicati.

Prima di addentrarci nel discorso, spieghiamo come accedere ad un account pro.

Quando entriamo in Tiktok clicchiamo sull'icona "me" in basso a destra, poi su "gestione account" ed infine su "passa all'account pro".

L'analitica Tiktok comincerà a registrare i dati una volta passati all'account pro. Inizialmente la dashboard non ci mostrerà la cronologia, per questo dovremo attendere una settimana affinché il nostro account ci dia dei dati sufficienti per visualizzare gli approfondimenti.

In questo periodo pubblicherà tantissimi video in modo da recuperare più dati possibili, così da poter avere informazioni dettagliate sul nostro account.

Nella sezione analitica ci sono tre categorie:

- panoramica del profilo. E'utile per comprendere il rendimento del profilo, tutte le visualizzazioni, il numero totale di follower. Grazie a tutte queste informazioni si potrà elaborare un piano adeguato per far crescere sempre di più il profilo;

- informazioni sul contenuto, cioè informazioni più dettagliate riguardo le visualizzazioni totali di ogni post, informazioni per comprendere se un determinato post viene visto maggiormente rispetto ad un altro, informazioni per esaminare il pubblico;

- approfondimenti sui follower. Offre una panoramica generale sui dati demografici del pubblico.

Quindi l'analitica di Tiktok è molto utile per avere tutti i dati del nostro profilo, ma non rilascia informazioni riguardo i profili di terze persone. Nel caso in cui volessimo avere informazioni su questi ultimi, ci dovremo affidare a dei tool esterni, ed in particolar modo a Pentos, Ninjalitics e Tikanalytics. Tutti e tre usano i dati del profilo che sono pubblici e disponibili per effettuare approfondimenti sugli account Tiktok.

Quando andiamo ad analizzare determinati profili ci rendiamo subito conto che esistono alcuni che hanno tantissimi follower e like, ed altri, magari anche con contenuti più interessanti, che invece ne hanno molti meno.

Sorge spontanea, quindi, la domanda se acquistare o meno follower e like per far crescere in fretta il nostro profilo.

Valutiamo i vantaggi e gli svantaggi di questa operazione.

Tra i vantaggi sicuramente c'è quello più importante, ossia di rendere il profilo più persuasivo ed accattivante. Infatti, in un profilo con pochi follower non perderemo troppo tempo a visualizzare i contenuti perché si pensa che non siano importanti. Con più follower, invece, accadrà esattamente il contrario.

Soprattutto all'inizio, questo ci aiuterà a crescere molto velocemente e ad attirare il maggior numero di follower in modo organico.

Alla fine è la prima impressione quella che conta, quindi avere un numero elevato di follower è fonte di attrazione ed ammirazione.

Maggiore sarà il numero di follower e maggiore potrà essere il numero di utenti che riusciremo ad attirare.

Tra gli svantaggi, invece, troveremo una bassissima capacità di interazione nel nostro profilo, e questo perché molto presto i follower che avremo comprato non vedranno più i nostri contenuti, non metteranno i like, non commenteranno e non condivideranno. Se compriamo follower e questi non interagiscono in modo efficiente e quotidianamente, avremo solo speso soldi inutilmente.

Inoltre, per evitare che Tiktok intervenga e ci faccia svanire tutti i follower acquistati, sarebbe bene usare questa operazione su siti consigliati, e quindi, comprare follower di qualità senza dover usare account spam. Quindi non dobbiamo comprare mai da siti poco conosciuti e con prezzi molto bassi, perché rischieremo soltanto di rovinarci la reputazione e perdere nell'immediato i follower acquistati, e, di conseguenza, tutti i soldi spesi.

CAPITOLO 7

Strategia di refferal

La strategia di refferal si basa sul concetto di attrarre nuovi utenti ad iscriversi, a partire dal giro di amici e conoscenti già presenti sulla piattaforma.

Tale strategia si basa sulla gamification: una persona entra a far parte della piattaforma su invito di un'altra persona già iscritta e si fa in modo che, a quest'ultima, venga riconosciuto un incentivo in base alle vendite generate.

Le monete di scambio di questo programma sono le gemme, nella fattispecie rubini e diamanti.

Per ogni amico, a cui verrà fatta scaricare l'applicazione tramite il nostro link o codice personalizzato, saranno regalati 5 diamanti che potranno essere convertiti in soldi, collegando il nostro account PayPal.

Inoltre, chi si iscrive tramite questa strategia riceve già all'inizio 0,5 diamanti.

Quindi, la base è proprio far iscrivere qualcuno e regalare soldi in modo molto semplice e diretto.

Una volta dentro l'applicazione, si potranno ricevere rubini completando delle sfide, come ad esempio caricare dei video o guardare video di altri utenti. Infatti, troveremo delle cosiddette missioni da portare a termine, tutte rivolte al solo scopo di fidelizzare gli utenti.

Poi, per ogni giorno in cui effettueremo l'accesso nell'area sfida, riceveremo un numero sempre crescente di rubini.

Questi sono incentivi da non sottovalutare e molto importanti, proprio per dare la possibilità agli utenti di non annoiarsi e di non abbandonare la piattaforma dopo le prime volte.

Esistono due tipi di persone in questa strategia:

- i refferal, ovvero coloro che provano il servizio e lo consigliano ad altri;

- i referrer, ovvero coloro che ricevono l'invito e avranno diritto all'incentivo o ad un premio.

I soldi si riscuotano in modo molto semplice: dopo aver cliccato su ritira sotto al numero di diamanti collezionati, si verrà dirottati nella schermata del pagamento. Basterà scegliere la cifra da ritirare ed effettuare il trasferimento sul proprio account PayPal. Dopo pochissimi secondi si vedranno i soldi addebitati sul proprio conto diminuiti del 4%, cioè la commissione che prende PayPal per effettuare tali transazioni.

Alla luce di quanto spiegato, possiamo ben capire che questa piattaforma voglia diventare sempre di più il social più importanti tra tutti quelli esistenti e non cadere nel dimenticatoio, come successo ad altre applicazioni.

CAPITOLO 8

Hashtag challenge

Le sfide sono una componente essenziale ed alla base della comunità di Tiktok. I suoi utenti, infatti, amano raccogliere una sfida, realizzare e caricare video di conseguenza. A tali sfide, solitamente, viene dato un nome preceduto da #, ovvero un hashtag; così da renderle riconoscibili e facili da trovare.

Si tratta del miglior strumento di marketing che i brand usano per conquistare tutti gli utenti, in particolar modo quelli assidui frequentatori della piattaforma di Tiktok.

Le challenge sono a tutti gli effetti delle sfide virali, lanciate agli utenti da influencer o brand.

Se strutturate in modo corretto, riescono ad incrementare la brand awareness e costruire una community fedele al marchio. Tutti gli utenti, ai quali vengono rivolte tali sfide, non possono fare a meno di accettarle e renderle virali attraverso gli hashtag di riferimento. Infatti, proprio in questo modo, le più importanti Tiktok challenge hanno creato migliaia di visualizzazioni e milioni di dollari di guadagni.

Per attirare i nostri utenti ci basterà ideare una challenge che dovrà essere semplice da replicare, divertente ed accessibile a tutti, trovare un giusto hashtag che, appunto, aiuterà a creare e condividere, e permetterà di formare una community in linea con il brand.

Qualora volessimo essere sicuri di avere successo, potremo sponsorizzare la challenge in modo da aumentare la visibilità del brand ed interagire con gli influencer per rendere la nostra sfida a tutti gli effetti virale, e fare in modo di conquistare più pubblico possibile.

Intorno a queste sfide si raccolgono milioni di interazioni perché prima o poi tutti si mettono alla prova con la propria creatività e la propria fantasia.

Un esempio ben riuscito di una challenge diventata virale in pochissimo tempo è stata quella di #theclimate. Qui gli utenti sono stati chiamati a mostrare in una clip il loro contributo per salvaguardare l'ambiente, offrire un aiuto virale al pianeta. Questa challenge ha raccolto più di quattrocento milioni di visualizzazioni.

Sicuramente, con una challenge ben studiata, saremo in grado di aumentare i follower, poiché i diretti interessati inizieranno a seguire il nostro account per non perdersi eventuali e futuri contenuti interessanti, e poi riusciremo a migliorare l'engagement dei nostri post, poiché alla fine quello che noi faremo non sarà nient'altro che un qualcosa per puro divertimento e coinvolgimento degli utenti.

CAPITOLO 9

Giveaway e Contest Tiktok

Per lanciare un contest in modo legale su Tiktok, sarà necessario seguire gli step iniziali per il lancio di un concorso a premi e cioè:

- redazione di un regolamento ufficiale del concorso ed identificazione dei premi;

- versamento di una cauzione a garanzia dei premi promessi;

- invio della comunicazione al ministero dello sviluppo economico attraverso la compilazione online di un modulo detto PRE-MA CO/1, ed allegando copia del regolamento e la garanzia firmati digitalmente.

Una volta che avremo effettuato questi passaggi sarà possibile pubblicare la landing del concorso, dove i partecipanti dovranno effettuare embed del link del video pubblicato su Tiktok.

Dunque è possibile organizzare contest e giveaway direttamente su Tiktok senza avvalersi di una piattaforma esterna, ma solo in particolari casi e cioè:

- concorsi creati per la produzione di opere letterarie, artistiche o scientifiche, e per la presentazione di progetti o studi commerciali ed industriali;

- manifestazioni, dove i premi sono oggetti di valore minimo;

- manifestazioni, dove i premi sono destinati ad enti di beneficenza o enti senza scopo di lucro.

Gli obiettivi, che si possono raggiungere attraverso, sono tanti, come ad esempio fidelizzare nuovi utenti, acquisire il contatto della community, aumentare la portata dei post sul social, aumentare il numero di follower, apparire meno distanti ai bisogni e necessità degli utenti, veicolare valori aziendali.

Il giveaway associato al social, ed in questo caso Tiktok, porta il brand a creare uno o diversi post in cui venga chiesto agli utenti di effettuare delle azioni, e chi le porta a termine potrà, appunto, partecipare all'estrazione per ricevere dei premi.

Sia i giveaway che i contest hanno il vantaggio di offrire ampia visibilità ai prodotti, che si offrono o pubblicizzano a fronte di un investimento davvero irrisorio, e tra l'altro in tempi molto brevi.

CAPITOLO 10

Algoritmo

L'algoritmo di Tiktok è lo strumento con il quale la piattaforma gestisce tutti i contenuti al suo interno, e decide quali mostrarli e a chi farlo.

Come abbiamo detto, l'obiettivo primario di questa applicazione è quello di tenere gli utenti incollati allo schermo, ed essere la prima al mondo per interazioni e tempo medio di permanenza degli utenti.

Per fare ciò, l'algoritmo di Tiktok deve mostrare agli utenti giusti i contenuti giusti, cosicché da farli rimanere dentro l'applicazione il maggior tempo possibile.

La prima volta che l'utente accede a tale social, viene chiesto dal sistema di selezionare delle categorie di interesse. A questo punto l'algoritmo mostra agli utenti otto video iniziali e, successivamente, altri otto, in base a come l'utente si comporta con i primi. Per capire se un video piaccia o meno, l'algoritmo usa una serie di criteri, tra cui le interazioni, i click sugli hashtag, la durata della visualizzazione, l'uso di determinati filtri.

Quindi, in base a queste informazioni, l'algoritmo mostra dei video simili a quelli che sono piaciuti agli utenti e, per capire se questi ultimi piacciono davvero, vengono usati ulteriori parametri, come il contenuto scritto dei post, gli hashtag, i suoni e le canzoni.

Ovviamente essendo i vari categorizzati all'interno di vari cluster si procederà nella stessa maniera con i vari utenti.

Tiktok ha anche un sistema per comprendere se all'utente non piaccia un video e per evitare la noia, e cioè non mostra mai due video di seguito con le stesse canzoni o creati dalle stesse per-
~~sone, ~~~~~~~ mostra dei video totalmente diversi
utente proprio per stimolare la sua

conoscenza.

Inoltre si potrebbe verificare il fenomeno del filter bubble, ovvero un sistema di raccomandazione che mostra continuamente video omogenei, per temi e contenuti, ed aderenti alle preferenze dell'utente.

L'algoritmo di Tiktok si differenzia da quello degli altri social per alcune caratteristiche:

- minore considerazione del numero di follower;

- attenzione alla varietà.

Inoltre è possibile aiutare l'algoritmo ad essere totalmente in linea con i nostri interessi attraverso la sola interazione con i video che ci piacciono, aggiungere ai preferiti i video interessanti ed usare la funzione non interessato per gli altri, usare la funzione nascondi, segnalare i video che non rispettano i termini di servizio dell'applicazione.

Si può definire il funzionamento dell'algoritmo ad ondate, cioè non appena viene pubblicato un video, questo viene mostrato ad un numero ristretto di persone. Se alla fine della prima ondata il video viene valutato in modo positivo, questo subirà una seconda ondata di visualizzazioni e così via, fin quando non si blocca.

A differenza degli altri social, questo non dà importanza ai contenuti postati dagli account con una follower base molto più ampia. Quindi i loro video otterranno più visualizzazioni perché verranno esposti ad un pubblico molto più ampio.

Quindi, gli aspetti più importanti da tenere in considerazione per massimizzare i propri contenuti pubblicati su Tiktok sono:

- ogni video è da considerarsi da solo;

- essere sullo stesso binario con gli interessi di tendenza;

- fare in modo che i video vengano guardati fino alla fine.

In realtà, per essere più precisi, dobbiamo dire che nessuno sa veramente ed esattamente come funziona l'algoritmo di Tiktok, ma interagire in modo diretto con l'applicazione aiuta a gestire al meglio la pagina per te, e, quindi, a proporre video sempre più interessanti.

L'algoritmo di Tiktok attualmente garantisce una visibilità organica superiore al 100%. Questo sta a significare che ogni post, se viene realizzato nel modo corretto, verrà visto da un pubblico più ampio rispetto alla ristretta cerchia di follower del profilo stesso.

La componente fondamentale di Tiktok è il tempo perché in pochi secondi dobbiamo riuscire a catturare l'attenzione e aiutare il cliente a compiere determinate azioni.

È davvero molto importante comprendere prima l'algoritmo per capire l'uso di Tiktok.

L'algoritmo impiega 24 ore per analizzare i nostri dati, la nostra audience e le nostre interazioni. Quindi, non ci resta che insegnare all'algoritmo ciò che vogliamo mostrare, in modo tale che lui stesso provvederà a farlo vedere al nostro pubblico d'interesse.

CAPITOLO 11

Strategie importanti per un profilo accattivante

Per usare al meglio il nostro Tiktok, dobbiamo adottare o, quantomeno, tenere in considerazione alcuni suggerimenti e strategie importanti, che nel corso del tempo e dell'uso di tale piattaforma si sono mostrate vincenti.

Prima di tutto scegliamo un nome per l'account unico nel suo genere, coinvolgente, facile da ricordare e da ricercare, poco usato e che faccia capire nell'immediato di ciò che ci occupiamo.

Se il nostro obiettivo sarà quello di attirare il pubblico il più possibile, allora dovremo trovare qualcosa che ci distingua da tutti gli altri e andare avanti per questa linea, cercando di suscitare curiosità ed interesse verso coloro che ci vorranno seguire.

Sicuramente, come abbiamo visto nei capitoli precedenti, le sfide sono il modo migliore per attirare nuovi utenti,ma è importante anche interagire con i video di tutti gli altri utenti, commentare, dialogare, condividere, apprezzare, seguire o addirittura condividere contenuti con gli altri utenti e taggarli nei commenti o nella descrizione del video.

Un altro consiglio da seguire è quello di collegare il nostro account Tiktok a quello degli altri social, così potremo condividere più velocemente i nostri video anche sulle altre piattaforme. Cerchiamo di pubblicare su tutti i social massimo due o tre volte al giorno, infatti, non è importante spremersi e, quindi, perdere tantissimo tempo per pubblicare dei contenuti di altissimo livello, ma basterà semplicemente raccontare ciò che si sta facendo in quel determinato momento, oppure aggiungere una canzone o un effetto speciale.

Cerchiamo di tenere sempre separati l'account privato da quello business.

Usiamo i duetti e le reaction poiché sono facili da usare, richiedono poco tempo, ma riescono a mostrare il contenuto giusto.

I duetti sono video che un utente registra come risposta ai video degli altri utenti. Di solito si tratta di video reaction al contenuto del video con cui si duetta, commenti o risposte, oppure gesti speculari ai gesti che l'altro utente compie nei propri video. I duetti ci danno la possibilità di poterci esprimere liberamente, quindi, possiamo definirli come uno strumento molto utile per poter condividere opinioni e momenti con quegli utenti che sono interessati ai nostri stessi argomenti. Con la funzione duetto abbiamo la possibilità di aggiungere filtri particolari, usare il timer, cambiare fotocamera, aumentare o diminuire la velocità, e possiamo aggiungere la reaction in modo scherzoso oppure contrapposto.

Altra funzione di successo è quella dei Tiktok live. Questa funzione ci permette di creare un rapporto diretto con gli utenti, contribuendo ad una sana interazione. Per usare questa funzione dobbiamo avere almeno 1000 followers, altrimenti non riusciremo nemmeno a visualizzare il tasto dei video in diretta.

Durante la diretta si collegheranno i follower, gli utenti e i non, e con loro, sempre tutto in diretta, sarà possibile chattare e scambiarsi opinioni. Alla fine della diretta, Tiktok ci mostrerà una tabella con i punti regalo, i nuovi follower, gli spettatori, ed il numero dei contributori. Più saremo in grado di interagire con loro e più avremo la possibilità di ricevere dei premi che potremo convertire in denaro in un secondo momento.

Infine cerchiamo di tenere in mente che a volte potrebbero presentarsi anche dei problemi abbastanza comuni durante l'uso della piattaforma. Come si suol dire non è sempre tutto rose e fiori.

Ad esempio, potremo riscontrare che l'applicazione è lenta, che i video non si vedano o che non vada la funzione dei like.

Quello che possiamo dire in merito è che sono tutti problemi facilmente risolvibili: nella maggior parte dei casi, basterà semplicemente ricaricare o riavviare l'applicazione.

CAPITOLO 12

Creazione di un video

La creazione del video è la parte più creativa e divertente di questo social.

Esistono tantissimi filtri ed effetti speciali che si possono usare durante il video, e anche dopo la produzione.

Ovviamente è consigliabile prima fare tutte le prove del caso, ed eventualmente, se non dovessimo essere convinti, potremo salvare il video nelle bozze per poi pubblicarlo in un secondo momento.

Facciamo una breve classifica degli effetti maggiormente usati, che poi sono gli stessi che ricevono più like ed approvazione.

Tra questi abbiamo:

- Transition, ovvero un effetto visivo che ci porta da una situazione ad un'altra o da un luogo ad un altro. In particolare, queste possono essere spin transitino, che consistono nella rotazione di una o più volte dello schermo del telefono durante la registrazione del video. Poi ci sono le screen transitino, che usano un seconda applicazione con la quale cambiare sfondo o altri effetti all'interno del video stesso. Le transizioni possono essere fatte sia su video che sulle foto. Magia, ovvero tutti quei video che presentano apparizioni, giochi di prestigio;

- Clonazione ed effetto fantasma, ovvero cercare di proporre dei momenti di svago o di vita reale, che, attraverso questo effetto, saranno molto veritieri ed apprezzati dagli utenti;

- Tempo invertito e slow motion, ovvero il primo non è altro che un tempo usato per riprodurre al contrario i video, mentre il secondo viene usato per rallentare una parte del video;

- Lyp-Sync, ovvero un effetto usato per cantare in playback, per imitare con gesti e balletti seguendo le parole della canzone riprodotta;

- Maschere, ovvero l'insieme dei filtri che possono essere usati per il volto, e che, attraverso le challenge o gli influencer, possono diventare molto virali;

- Effetti grafici, ovvero una delle funzioni più usate in assoluto perché comprendono le scritte con le quali si tende a personalizzare il video, gli emoji con i quali si tende a rendere il video molto più leggero e divertente.

Esistono poi anche degli effetti molto più articolati rispetto a questi appena citati che, invece, sono un po' la base del funzionamento della piattaforma, e comunque alla portata di tutti.

Questi sono:

- Finger dance, cioè una vera e propria danza che si fa con le dita, e quindi, in qualsiasi posizione noi ci troviamo, potremo usare le sole mani per ballare a ritmo di musica. La colonna sonora che andremo scegliere dovrà essere molto ritmata, e potremo anche abbinare al movimento delle mani il movimento di testa, spalle e braccia. L'obiettivo sarà quello di non perdere mai il ritmo della musica;

- Chroma, cioè un effetto usato per sovrapporre in uno stesso video due contenuti differenti;

- Cambio abito, cioè video che prevedono dei velocissimi cambi di abbigliamento, a volte anche istantanei. L'obiettivo è quello di far capire che il tempo non è passato, ma noi siamo stati in grado di cambiarci senza farlo scorrere.

- Freeze transitino, cioè freezare un oggetto in movimento;

- Sky transitino, cioè modificare lo sfondo dei nostri video, e quindi, come dice la parola stessa, usare una parte di cielo o il cielo per intero come sfondo ai nostri contenuti;

- Mirror transitino, cioè un effetto che ci permetterà di interagire con la nostra figura riflessa in uno specchio;

- Clone transitino, cioè un effetto usato per sdoppiarsi, triplicarci o interpretare diversi ruoli contemporaneamente all'interno dei nostri video;

- Upside and Down, cioè effetti usati per fare i video sottosopra;

- Hologram transitino, cioè un effetto che può trasformarci in un ologramma in un tempo molto breve.

Oltre tutti questi effetti e filtri che possiamo usare per i nostri contenuti, è possibile anche affidarsi a delle applicazioni esterne per fare video e modificarli all'istante. Questo perché i nostri contenuti dovrebbero sempre essere interessanti e trasmettere informazioni utili, oltre che essere brevi e divertenti. Infatti, solo in questo modo potremo attirare tanti followers.

Come per tutte le altre piattaforme di social network, anche Tiktok vieta però alcuni contenuti per garantire la sicurezza degli utenti e preservare la reputazione dell'applicazione. Quindi, è importante sapere bene quali siano questi contenuti proibiti per non incorrere in qualche guaio.

CAPITOLO 13

Tiktok marketplace

Il Tiktok marketplace è la soluzione che fa incontrare i brand ai creator per le campagne sui social, rendendo quindi gli influencer raggiungibili ed accessibili.

La prima cosa da fare per avere accesso a questo strumento è entrare nella pagina di creator marketplace, e quindi registrarci o, se siamo in possesso già di un account, iniziare una nuova sessione.

Una volta entrati, potremo iniziare a filtrare gli influencer con i quali vogliamo lavorare. Questa selezione verrà fatta in base ai nostri obiettivi e strategie della nostra campagna. Avremo la possibilità di cercare e flirtare gli influencers in base al paese, agli argomenti trattati, alla loro portata e ai dati demografici dei nostri follower.

Inoltre, quando clicchiamo su uno degli influencer, la piattaforma ci fornisce i dati sulle persone.

Il creator marketplace è uno strumento molto importante perché possiamo essere sicuri che i dati di ogni influencer siano sicuri, autentici, aggiornati e accurati, e permette di cercare e flirtare, in base a varie analisi, dati demografici ed informazioni da Tiktok.

Al momento tale strumento è limitato solo a diciotto paesi come gli Stati Uniti, India, Regno Unito, Canada, Germania, Francia, Giappone, Taiwan, Vietnam, Corea del Sud, Thailandia, Malesia, Filippine, Singapore, Indonesia, Italia, Russia e Australia. Questa selezione di paesi si applica sia al paese o regione dell'influencer che al paese o alla regione del pubblico a cui siamo interessati.

Tra le varie opzioni troviamo anche gli argomenti che possiamo filtrare, ed è possibile selezionare il content creator in modi diversi, e cioè:

-   da 10.000 a 100.000 follower;

- da 100k a 1 milione;

- da 1 a 10 milioni.

Questa selezione è importante quando scegliamo l'influencer con il quale vogliamo interagire per lanciare la nostra campagna tramite Tiktok.

Oltre a questi dati, vedremo anche quello relativo all'età. Filtrare secondo tre intervalli:

- da 18 a 24 anni;

- da 25 a 34 anni;

- più di 35 anni.

L'ultima opzione è quella relativa all'e-commerce. Qui potremo filtrare in base ai creator che hanno abilitato questa funzione. Nei loro contenu avranno un link che porterà direttamente il pu blico al prodotto del brand che seguiamo.

Dopo aver fatto una ricerca per filtri, il crea marketplace offre una serie di dati important diversi profili selezionati.

Tra quelli più interessanti abbiamo:

- le metriche centrali, che mostrano un insieme di dati utili per farci comprendere la potenza dei profili attraverso i numeri. Le metriche includono le visualizzazioni nei media, argomenti trattati, segmenti di pubblico, visualizzazioni totali, interessi, commenti, numero di volte in cui il contenuto viene condiviso, partecipazione;

- video esempio, selezionati dalla piattaforma stessa. È possibile decidere se visualizzare quelli più recenti o meno, quelli più popolari o meno, quelli sponsorizzati o meno;

- dati demografici del pubblico, dove si potranno avere informazioni generali relativi agli utenti, i dispositivi usati dai followers o i followers più attivi o meno.

- Andamento delle prestazioni, dove si potranno avere informazioni relativi ai follower di quel determinato creator.

Ultimo aspetto da tenere in considerazione è che dovremmo conoscere le informazioni che la piattaforma di Tiktok vorrà avere per entrare a far parte dei suoi inserzionisti.

Ci verrà chiesto il settore al quale apparteniamo e un obiettivo da raggiungere per poter lavorare con gli influencers.

Gli obiettivi più importanti usati sono:

- avere maggiore visibilità del brand;

- aumentare il traffico sul sito web;

- avere maggiore esposizione o follower per l'account Tiktok;

- aumentare i download;

- aumentare le vendite dei prodotti;

- aumentare la creatività.

Ovviamente, prima di iniziare, ricordiamoci di consultare la sezione relativa al tasso di interazione, e quindi scegliere tra due alternative:

- negoziare;

- stabilire una tariffa iniziale

Se vogliamo ottenere il massimo, la strategia di influencer marketing dovrà essere globale.

Oggi le aziende, grazie a questo social, hanno la possibilità di avere a disposizione uno strumento efficace per piazzarsi sul mercato internazionale attraverso questo mondo di influencer facilmente raggiungibile.

Quindi basterà avere un prodotto, scegliere l'influencer in base al settore e alla sua audience, stabilire il budget, mandare la richiesta e creare una campagna di influencer marketing vincente e virale.

CAPITOLO 14

Tiktok ai tempi del COVID-19

Oggi la figura dell'influencer sui vari social network è diventata sempre più importante.

Durante questo periodo di quarantena le star del web hanno dovuto cambiare totalmente il proprio modo di comunicare, soprattutto per cercare di fornire un aiuto in tema di sensibilizzazione sul tema del coronavirus.

Infatti, su Tiktok, abbiamo iniziato ad assistere a video creativi e divertenti che hanno, in un certo senso, cercato di parlare in modo semplice e chiaro di questo tema per cercare di arrivare e colpire la generazione Z, ovvero il proprio target di riferimento.

In questi ultimi mesi Tiktok si è attivato con un'informazione responsabile ed iniziative positive attraverso gli hashtag di riferimento e le istituzioni ufficiali. Addirittura vi è una sezione della homepage dedicata interamente al covid.

Sull'applicazione e sul sito sono state create delle sezioni specifiche e notifiche che fanno accesso ad informazioni e fonti ufficiali.

La piattaforma ha anche cercato di coinvolgere diversi influencer per diffondere messaggi, e ha adottato un programma di live streaming quotidiano per offrire momenti di divertimento e svago in questo periodo particolare.

Ad esempio, è diventato virale il programma "A casa con Tiktok", che usa come protagonisti i tiktoker italiani più famosi e anche degli ospiti famosi come Ghali e Mahmood.

Un altro esempio di iniziativa importante è il contest #iononmiannoio, dedicato alle persone più giovani per diffondere i comportamenti degli stessi e le varie attività svolte in casa in questo periodo. L'obiettivo è proprio quello di incentivare i buoni comportamenti e il rispetto delle regole, quale appunto quella di rimanere a casa per ridurre i contagi. Sono premiati i video che riprendono le attività casalinghe e quelli che ricevono più like.

Gli influencer su Tiktok hanno anche partecipato all'iniziativa ufficiale del ministero per le politiche giovanili e lo sport, e quindi #distantimauniti. Un trend diventato in pochissimo tempo virale, simbolo di incoraggiamento e positività, e che ha raggiunto milioni di visualizzazioni.

E come questa campagna ce ne sono state tantissime altre, e tante altre ancora ogni giorno diventano famose, visti i periodi che stiamo vivendo.

Si può quasi dire che negli ultimi periodi Tiktok e la pandemia siano diventate due potenze mondiali a tutti gli effetti e validi alleati.

Infatti, oggi, nella pandemia globale, grandi e piccoli sono alla ricerca di un senso di appartenenza che proprio questo social è in grado di offrire. Questo è dato dal fatto che, rispetto ad altri social, su questo devi essere attivo ed interagire con utenti di tutto il mondo. Gli utenti sono davvero partecipi senza limiti e confini, dal poter appartenere ad una comunità virtuale.

Tiktok si trasforma anche in un'applicazione dallo scopo benefico. Infatti, ha donato cinque milioni di euro per supportare gli operatori sanitari e aiutare la protezione civile nell'acquisto dei dispositivi di sicurezza.

CAPITOLO 15

Tiktok creator fund

Per festeggiare il suo secondo compleanno di successi, Tiktok, ha lanciato il Tiktok creator fund: offrire la possibilità a giovani talenti di emergere e farsi notare per le proprie capacità. Grazie a questo nuovo strumento, crescerà ancora di più il talento creativo di ognuno di noi.

Non è nient'altro che un fondo europeo che comincia con una dote iniziale di 70 milioni di dollari per il primo anno e che aumenterà per gli anni a venire. Per fare richiesta al fondo verrà richiesto di soddisfare alcuni requisiti iniziali.

Ogni giorno tantissime persone in tutta Europa creano contenuti sull'applicazione usando la propria creatività, recitando e ballando sulle canzoni del momento, creando delle scene divertenti e simpatiche o affrontando temi importanti ed educativi sfruttando proprio questa piattaforma.

Per accedere al fondo, come abbiamo detto, bisogna avere alcuni requisiti:

- avere diciotto anni;

- aver avuto almeno 10000 visualizzazioni ai video negli ultimi trenta giorni;

- avere almeno 10000 followers;

- creare contenuti originali, creativi ed in linea con la community.

Per fare richiesta di accesso, si potrà farlo direttamente dall'applicazione di Tiktok accedendo al proprio profilo, compilando la richiesta, accettando le condizioni del contratto, inviando la richiesta. Qualora la richiesta verrà accettata, l'utente comincerà a guadagnare sulla base delle visualizzazioni dei propri video e controllare il guadagno direttamente dal pannello di controllo del fondo.

Il guadagno o meno dipende da diversi fattori: guadagniamo di meno se violiamo il regolamento in qualche modo e se il nostro engagement risulti basso; guadagniamo di più se il nostro engagement risulti alto e pochissime violazioni.

Con questa iniziativa, Tiktok si è rivelato ancora di più come un social che si basa principalmente sulla creatività dei propri utenti, ed in cambio offre loro tantissima visibilità.

Tiktok sarà sempre alla ricerca di tutti quelli che avranno idee creative, perché senza questa dote non si va avanti nella vita, ma non può crescere nemmeno la piattaforma.

EPILOGO

Tiktok si differenzia dalla altre piattaforme di social network perché cerca di offrire contenuti diversificati. Attraverso tale piattaforma, possiamo mostrare la nostra creatività mentre esprimiamo le nostre emozioni mediante i video che creiamo e pubblichiamo. Tiktok, poi, si rivolge ad un pubblico molto diverso da quello degli altri social. Come abbiamo potuto capire è una piattaforma di intrattenimento e non una piattaforma rivolta ad illustrare il nostro stile di vita.

Molto semplice da usare, permette a chiunque di avvicinarsi. Come per tutto il mondo del web, più useremo questa applicazione più impareremo ad usarla, e infatti, molto spesso, la teoria non serve a nulla se non ci si butta a capofitto nel cuore di quanto studiato.

È senza dubbio l'applicazione del momento, nata

come piattaforma di video musicali amatoriali. Ha poi allargato la sua portata anche ad altro.

Tiktok sta avendo successo perché ci si può facilmente immedesimare nei panni del proprio cantante o attore preferito, e cantare o recitare facendo le stesse identiche mosse.

Ci si può improvvisare, quindi, come degli artisti che in realtà non siamo nella vita di tutti i giorni, e dare libero sfogo alla propria creatività e alla propria fantasia, divertendoci.

È un'applicazione che attira così tanto che è riuscita in poco tempo anche a creare un social marketing da non disdegnare affatto.

Il nostro consiglio è quello di registrarci e iniziare ad usare l'applicazione del momento, che sia a livello personale o che sia a livello professionale. In entrambi i casi saremo divertiti, ci sentiremo parte di una comunità e avremo successo.

Per mantenere la sua attuale popolarità, Tiktok

dovrà continuare a trovare sempre nuovi metodi di coinvolgimento per allargare il proprio bacino di utenti e per cercare di renderla sempre più adatta a chi vuole usarla come strumento di marketing.

Ha un grande potenziale per diventare la prossima piattaforma di marketing e social networking.

Non ci resta che farci contagiare, non perdere l'occasione di usare questa piattaforma, e rimanere sempre connessi chiunque noi siamo e qualunque sia il nostro obiettivo.

Sfruttiamo il prima possibile questa applicazione, perché, in queste fasi ancora iniziali, offre opportunità più interessanti rispetto a piattaforme più vecchie come facebook ed Instagram, e questo sia per quanto riguarda i brand , per gli influencer che per i semplici utenti.

Testare nuovi strumenti è il primo passo per crescere personalmente che professionalmente.